APRENDIENDO ENTRE AMIGOS

MANUAL PARA EL MAESTRO

ESCUELA BÍBLICA VACACIONAL

Autora: Patricia Picavea

Diseño interior y portada: Isabel Ambrosio

Redacción de lecciones: Edith Margot Vílchez

Producido originalmente por la oficina de Ministerios de Escuela Dominical y Discipulado - Región Sudamérica.

Primera edición 2015

Publicado por Producciones SAM

© Copyright 2015

Reproducido por Ministerios de Discipulado - Región Mesoamérica

http://discipulado.mesoamericaregion.org/

www.MieddRecursos.Mesoamericaregion.org

2019

ISBN: 978-1-63580-122-4

Impreso en los Estados Unidos

CONTENIDO

INTRODUCCIÓN

En esta oportunidad, le estamos presentando cinco lecciones para desarrollar durante una semana de Escuela Bíblica Vacacional. El tema de este material es "Aprendiendo entre amigos" y las lecciones son las siguientes:

- ¡Uy, qué sed!
- Maravilloso cambio
- El verdadero tesoro
- ¡Qué gane el mejor!
- Una invitación especial

A cada una de las lecciones mencionadas le incluimos sencillas sugerencias de cómo presentarlas a las diferentes edades. Recuerde que cada edad tiene sus características propias, por lo que debemos enseñar las lecciones teniendo en cuenta esa diferenciación. Asimismo, junto a cada lección, encontrará una página con ayudas visuales para la presentación de la lección. Esto le ayudará a hacer más dinámica y atractiva cada lección.

El material para cada lección también incluye una actividad manual (manualidad) para cada una de las diferentes edades. Al utilizar este material, usted tiene permiso para fotocopiar las páginas que necesite para trabajar con los niños.

Es nuestro deseo que el presente material sea de su agrado y le ayude en la enseñanza de la Biblia a los niños y niñas de su iglesia local y comunidad.

PROPÓSITO

Por medio de esta semana especial de Escuela Bíblica Vacacional, trabajaremos con el niño el fortalecimiento del carácter. Así pues, debemos ayudar a crear en el niño definiciones precisas con respecto a su vida espiritual, aspectos que perduren en él durante toda la vida. Para tal fin, trabajaremos diferentes temas como: Cristo el agua de vida, el nuevo nacimiento, la salvación y compartiendo de Cristo.

PERSONAJES

En esta oportunidad, tendremos tres personajes para trabajar los temas. Ellos son tres amigos inseparables: Memo, Chispita y Rizos, todos ellos de 10 años. Usted los puede representar en foamy (goma eva o corospún), en papel construcción, en tela. Si prefiere puede crear títeres que representen estos personajes para dramatizar las historia, o puede hacer que algunos jovencitos se vistan como niños y dramaticen cada lección o algunas de ellas.

A continuación, conozcamos a cada uno de los niños.

Memo: Es un niño muy simpático y travieso.
Él es quien siempre está trayendo ideas
y propuestas al grupo. Sus papás son fieles
cristianos y tienen una buena relación con él.

Chispita: Es una niña impulsiva, inquieta; pero siempre tiene buenas ideas. Ella vive con su abuelita quien es una fiel cristiana.

Rizos: Es un niño tímido, cooperativo y siempre sigue instrucciones. Sus papás están divorciados y no son cristianos. Él vive con su mamá.

APRENDIENDO ENTRE AMIGOS

LECCIONES Y MANUALIDADES

¡UY, QUÉ SED!

Juan 4 : 1-14

INTRODUCCIÓN

Inicie la clase tomando agua de una botella. Luego, pregunte a los niños si ellos alguna vez han tenido mucha sed, y qué hicieron para saciarla. Después, continúe bebiendo agua de la botella y dígales que usted tiene mucha sed... y que beber agua es muy refrescante y delicioso.

Cuénteles que hoy aprenderán los nombres de tres ciudades muy importantes donde Jesús compartió el evangelio de Dios: la ciudad de Samaria que está situada entre Jerusalén y Galilea (donde vivió Jesús). Pero en esa época los samaritanos y judíos estaban peleados, porque los samaritanos se habían mezclado con otras ciudades que no creían en Dios y eso no les agradó a los judíos y por eso no se hablaban.

> "Mas el que bebiere del agua que yo le daré, no tendra sed jamás..."
> Juan 4:14a

DINÁMICA

Ponga una botella o un vaso con agua en un recipiente bastante hondo, donde no les sea fácil a los niños alcanzarlo. Después, pídale a un niño, o a varios, que saque(n) la botella o el vaso y que beba(n) el agua. Luego, ayúdelos a sacar el agua del recipiente, y si es posible sirva el agua en varios vasos para que todos tomen un poco.

NOTAS

_____

_____

_____

_____

_____

_____

_____

DESARROLLO DE LA LECCIÓN

El maestro debe leer y estudiar la lección, (Juan 4:1-14) ensayarla varias veces y contarla con sus propias palabras, de una forma breve (5 minutos los pequeños) e ir ampliándola según sea la edad de los alumnos (no más de 10 minutos). Tener todos los materiales correspondientes a las actividades de la lección.

APLICACIÓN

Ayudar al niño a comprender que de la misma manera en que nuestro cuerpo físico nos pide agua (por ello sentimos sed), así también nuestro espíritu y alma sienten sed . Pero esa sed es espiritual y sólo la vamos a saciar leyendo y escuchando la Palabra de Dios.

SUGERENCIA

Puede dejarles de tarea que lean una porción de la biblia o que memoricen varios textos y que lo comenten o digan en la próxima clase.

Era un día sábado, Rizos, Memo y Chispita estaban muy felices de participar en un día al aire libre con sus compañeros de escuela. Lo interesante de ese paseo era que lo tenían que realizar caminando; pero ese día, el sol parecía estar mucho más fuerte que otros días; y estaba tan caluroso que los niños tomaron abundante agua hasta terminar el agua que llevaban.

Después de pasar un día hermoso jugando y admirando la belleza del paisaje, llegó la hora de regresar a casa. Todos estaban tan cansados y sedientos que al no tener agua para beber, deseaban llegar pronto a sus casas para tomar mucha agua y calmar así su sed.
Rizos saltaba de alegría, porque fue el primero en llegar a su casa. Memo y Chispita le pidieron a Rizos que por favor les diera agua, ya que estaban tan sedientos que no estaban seguros si podrían soportar la sed hasta llegar a sus casas.

Entonces, entraron todos a la casa de Rizos y la mamá de él ya les tenía preparada una jarra con agua fresca. Los sedientes niños bebieron y recobraron fuerzas. Después de beber, Memo les dijo a sus amigos: "Hoy experimenté lo que es caminar mucho bajo el ardiente sol y estar muy sediento. Esto me hizo recordar cuando Jesús caminaba por los polvorientos caminos de Galilea. Él estaba cansado y sediento, y por ello se sentó junto al pozo donde los samaritanos venían a sacar agua. Fue en ese momento que una mujer samaritana llego para sacar agua y Jesús le pidió agua."

—Sí, replicó Chispita —. El Señor Jesús debió haber sentido lo mismo que nosotros; pero... ¿recuerdan, chicos, que así como nuestro cuerpo necesita agua, nuestro espíritu también siente sed?
— ¿De qué siente sed? -preguntó Rizos-.
— ¡De la Palabra de Dios! -contestó Memo-.
Entonces, Chispita replicó lo siguiente: "Sólo Jesús es la fuente de agua que puede saciar nuestra sed espiritual. Por eso es que tenemos que leer la Biblia todos los días. Eso es lo que nos enseñó la maestra el domingo pasado. ¿Acaso lo olvidaron?".
— ¡No! -dijo memo-. "¡Gracias por hacernos recordarlo y gracias a Dios que la sed que sentimos hoy nos hizo recordarlo!".

Al final, todos agradecieron a Dios por crear el agua, y también agradecieron a Rizos por darles agua para beber. Se despidieron y se fueron cada uno a sus casas.

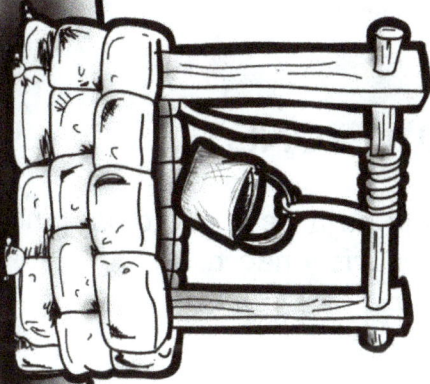

MANUALIDAD

MATERIALES

- Tijeras
- Pegamento
- Témperas
- Pinceles
- Vaso de duroport
- Papel de seda (azul, gris y negro)

INSTRUCCIONES

1. Entregue a cada niño la hoja de trabajo, un pincel y tempera gris y negra.

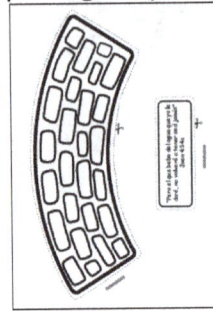

2. Pida a los niños que pinten el dibujo con las témperas. El negro es para la orilla y el gris, para los ladrillos.

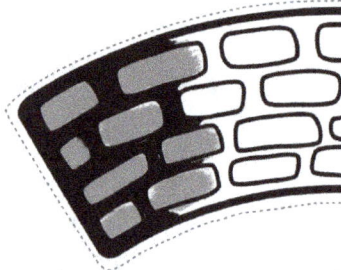

3. Después de que haya secado, dígales que corten el dibujo. Aunque, puede llevarlo ya cortado para ahorrar tiempo.

4. Indíqueles que peguen el dibujo de ladrillos en el vaso de duroport.

5. Luego, enséñeles a pegar el texto en el vaso de la misma forma en que pegaron el dibujo anterior.

6. Finalmente haga que arruguen el papel azul y lo pongan dentro del vaso, como si fuera agua..

"Pero el que beba del agua que yo daré, no volverá a tener sed
Juan 4:14a

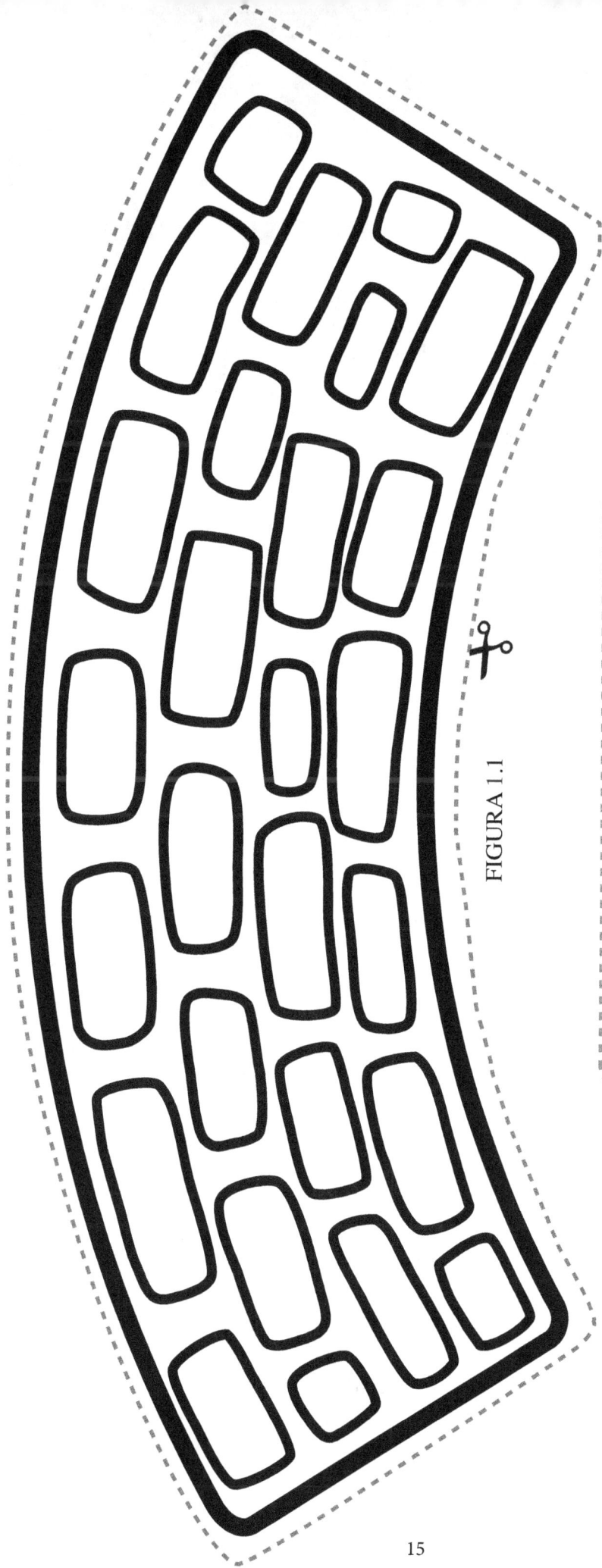

FIGURA 1.1

"Pero el que beba del agua que yo le daré, no volverá a tener sed jamás"
Juan 4:14a

FIGURA 1.2

15

MANUALIDAD
7 - 9 AÑOS

MATERIALES

- Tijeras
- Pegamento
- Brillantina o pegatina
- Cartón
- Papel de china (azul, gris y negro)

INSTRUCCIONES

1. Entregue a cada niño la hoja de trabajo y una tijera. Luego, pídales que corten el dibujo, aunque usted puede llevar los dibujos ya cortados si lo prefiere.

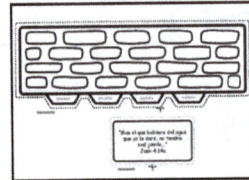

2. Luego, entregue papel de china negro y gris, indíqueles que hagan bolitas. Si desea puede llevar algunas ya preparadas para avanzar más rápido.

3. Cuando los niños hayan hecho suficientes bolitas, ayúdelos a pegar las bolitas en el dibujo. Tenga presente que las negras van en la orilla y las grises, dentro de los ladrillos. Deje un espacio en blanco al final para poder pegar y hacer un cilindro.

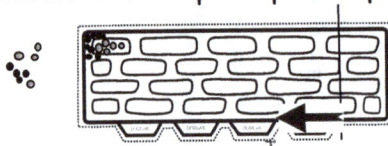

DEJAR SIN BOLITAS

4. Después que hayan terminado de pegar las bolitas, pídales que doblen las pestañas. Luego, haga un cilindro y enséñeles que deben pegarlo en la parte donde no hay bolitas.

PESTAÑAS

5. Cuando ya esté terminado el pozo, pegaremos el texto en él.

6. Indique que pongan pegamento en las pestañas del pozo y lo peguen en cartón. Deben hacer presión por un momento para que pegue mejor

TEXTO

7. Finalmente, haga que arruguen el papel azul y lo pongan dentro del pozo, como si fuera el agua. Luego, deje que los niños decoren el cartón..

"Mas el que bebiere del agua que yo le daré, no tendra sed jamás..." Juan 4:14a

FIGURA 1.3

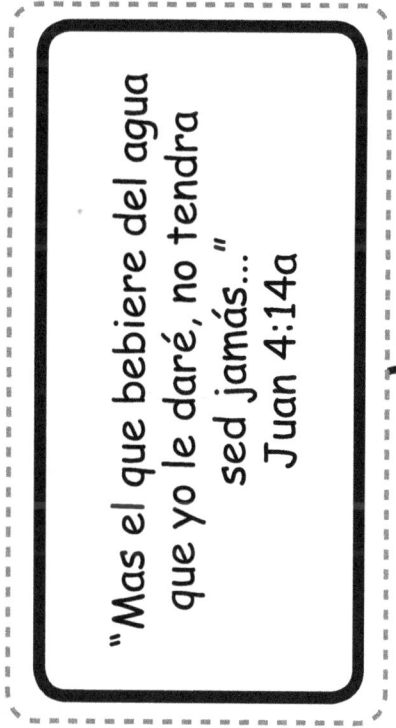

"Mas el que bebiere del agua
que yo le daré, no tendra
sed jamás..."
Juan 4:14a

FIGURA 1.4

MANUALIDAD
10 - 12 AÑOS

MATERIALES

- Tijeras
- Pegamento
- Porotos, arroz, lentejas
- Papel de seda celeste
- Cartón
- Brillantina o pegatina

INSTRUCCIONES

1. Entregue a cada niño la hoja de trabajo y tijeras. Luego, pídales que corten el dibujo, pero si usted desea puede llevar los dibujos ya cortados.

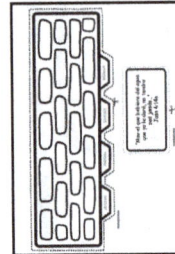

2. Después, indíqueles que dejen un espacio en blanco al final para poder pegar y hacer un ci-lindro. Luego, entregue lentejas a los niños para que los peguen alrededor de los ladrillos y deles también pegamento. Puede, asimismo, usar porotos, piedras, pasta, arroz u otros. Cuando haya terminado con el borde, empiece a rellenar los ladrillos con el arroz. Le recomendamos que provea a cada niño una hoja adicional para que ponga su manualidad sobre ella y así le sea más fácil recoger las lentejas y el arroz que se desprendan del dibujo. Ayúdele a cada niño si es necesario.

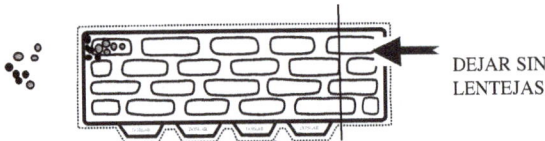

DEJAR SIN LENTEJAS

3. Después de que haya secado, pida que doblen las pestañas. Luego, haga un cilindro, y péguelo en la parte donde no se puso nada.

4. Ponga pegameto en las pestañas del pozo y péguelo en un cartón. Haga presion por un momento para que pegue mejor.

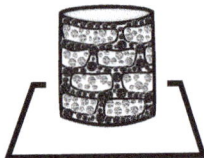

5. Finalmente, pegue el texto en el cartón, y decore la base. Coloque el papel de seda dentro del pozo de forma que simule el agua. Esta manualidad, puede usarse como un portalápices.

18

DOBLAR

DOBLAR

DOBLAR

DOBLAR

DOBLAR

FIGURA 1.5

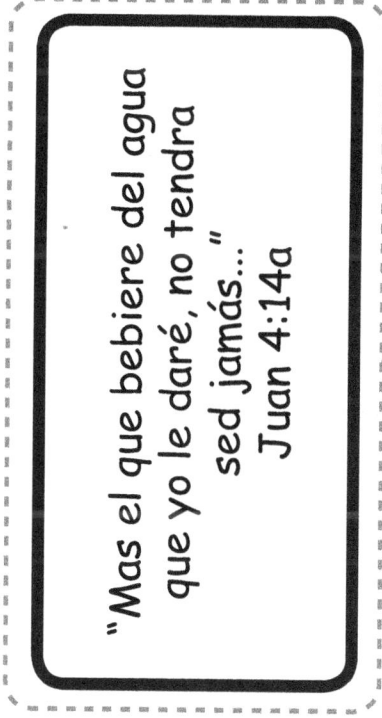

"Mas el que bebiere del agua
que yo le daré, no tendra
sed jamás..."
Juan 4:14a

FIGURA 1.6

19

MARAVILLOSO CAMBIO

Juan 3 : 1-16

"Porque de tal manera amó Dios al mundo, que ha dado a su Hijo unigénito, para que todo aquel que en él crea, no se pierda, mas tenga vida eterna"
Juan 3:16

NOTAS

_____

_____

_____

_____

INTRODUCCIÓN

Muestre a los niños una mariposa (puede ser en una foto, en un peluche o en una manualidad); resalte la belleza de sus colores; y pregúnteles su saben cómo es el nacimiento de este animalito. Deles la oportunidad a todos de contestar, y si no lo supieran, cuénteles usted el proceso: "Primero, es un huevito pequeño de donde nace una oruga o gusano que camina y come hojas verdes. Luego, pasadas aproximadamente dos semanas, la oruga rompe una membrana o capa que tiene alrededor y pasa algo increíble... Nace una bella mariposa". Después, dígales que este proceso es muy parecido a la historia bíblica que van a aprender hoy.

DINÁMICA

Haga grupos de 4 niños e indíqueles que cada grupo debe relatar el proceso del nacimiento de la mariposa. Para ello, pueden hacer un pequeño drama donde un niño sea el huevito; otro, el gusano u oruga; otro, la hoja verde que come el gusano; y otro, la bella mariposa. Al final de esta dinámica, premie al grupo que lo haga más rápida y creativamente.

DESARROLLO DE LA LECCIÓN

El maestro debe previamente leer y estudiar la lección (Juan 3:1-16); ensayarla varias veces; y, durante la clase, contarla con sus propias palabras, de una forma breve (5 minutos a los pequeños) e ir ampliándola según sea la edad de los alumnos (pero no más de 10 minutos). Asimismo, debe tener todos los materiales correspondientes a las actividades de la lección. En esta sección, puede usar la historia de Memo, Chispita y Rizos para dar la lección.

APLICACIÓN

Ayudar al niño a comprender que los que tenemos a Jesús en nuestro corazón también tenemos dos nacimientos, parecido al caso de la mariposa. El primero ocurrió cuando salimos del vientre de nuestra mami; y el segundo, cuando dejamos que Jesús entrara en nuestros corazones. Entonces, Él nos hace nuevas y mejores personas, y también nos permite formar parte del reino de Dios aquí en la tierra.

Aquel día, la casa de Chispita estaba llena de sonrisas y gente contenta por la llegada de un nuevo bebé. Los amigos de Chispita, Rizos y Memo, habían hecho planes para ir al hospital con la familia de Chispita a fin de poder visitar al nuevo miembro de la familia. Por esta razón, ellos debían estar listos a la hora en que la familia de Chispita iría al hospital.

Chispita se alistó, se puso su hermoso vestido y su moño rojo. Ella estaba muy contenta de presentar a su nuevo primito a sus amigos. En esos instantes, la abuela de Chispita dijo que había llegado la hora de irse. Chispita llamó a Memo y a Rizos por teléfono y ellos enseguida llegaron a su casa. Los rostros de Memo y Rizos irradiaban alegría. Ellos saludaron a la abuela y dijeron que ya estaban listos; así que inmediatamente partieron para llegar a tiempo a la hora de visita. Al llegar al hospital, fue una inmensa alegría. La tía de Chispita estaba acariciando a su bebé. Entonces, los niños corrieron hacia la cama y allí vieron al bebé recién nacido que tenía un hermoso rostro sonrosado, y manitas suaves y apuñadas.

—¿Cómo es que los recién nacidos tiene una piel tan suave? —preguntó Rizos.
—¡Ah! —contestó la madre—, es que los recién nacidos tienen una piel delicada.
—Tía —preguntó Chispita—, ¿qué le darás de comer para que crezca?
—¡Ellos toman leche materna! —contestó la tía.
—¿Qué es la leche materna? —preguntó Memo.
—Es la leche de mamá —respondió la abuela.
—Ah —dijo Chispita—, ¡esto es parecido a la nueva vida en Cristo! Eso nos enseñaron el domingo en la iglesia. Cuando aceptamos a Jesús en nuestro corazón, nacemos de nuevo y para que crezcamos necesitamos alimentarnos de la leche espiritual que es la Palabra de Dios.
—¡Así es, Chispita! —contestó la abuela—. Pero no sólo debemos tomar la leche espiritual, también hay que practicar el orar e ir a la iglesia a sus reuniones. Toda persona cuando recién ha recibido a Cristo es una nueva vida en Cristo, porque él o ella comienza a vivir una nueva vida y para crecer en Jesús debe practicar lo que ya les dijo.

Al final, Rizos, Memo y Chispita comentaron lo hermoso que era el bebé; y agregaron que él les recordaba que tenían que nutrirse con el alimento espiritual para así poder crecer. Luego, dijeron: "¡Amamos muchísimo a tu bebé! ¡Cuídalo!" Se despidieron y partieron contentos.

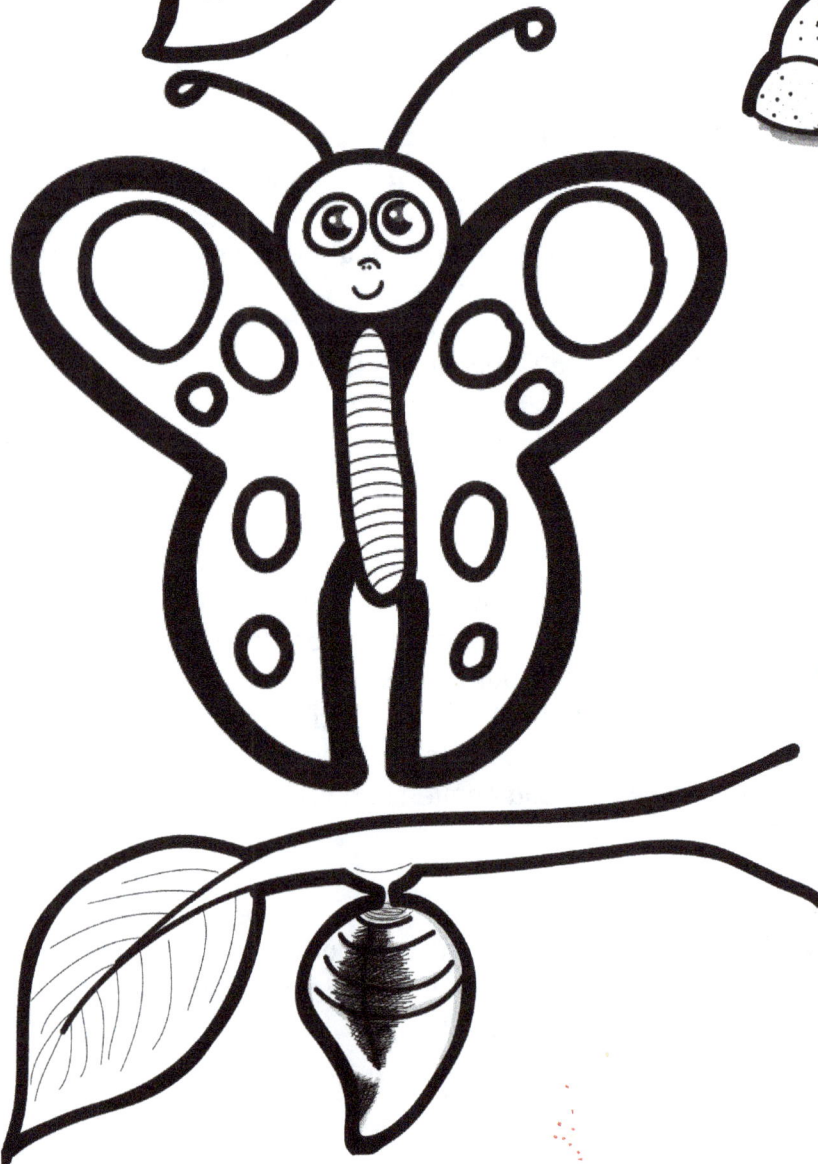

INSTRUCCIONES

MATERIALES

- Tijeras
- Pegamento
- Crayones
- paleta de madera
- Papel de seda de colores

1. Entregue a cada niño la hoja de trabajo y una tijera. Si cree conveniente, puede llevar el dibujo ya recortado para poder ayudar a los niños.

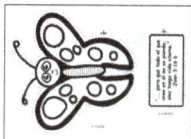

2. Entregue crayones a los niños para que pinten el cuerpo y la cara de la mariposa; pero dígales que dejen las alas sin pintar.

3. Luego, entregue papel de seda de colores y pida a los niños que hagan bolitas de este papel. Si desea, puede llevar bolitas ya hechas para ayudar a los niños.

4. Cuando los niños hayan terminado, dígales que empiecen a pegar las bolitas de papel en las alas de la mariposa.

5. Después, pídales que peguen el palito de madera detrás de la mariposa cuando hayan terminado la indicación anteriormente dada.

6. Finalmente peguen el versículo por detras de la mariposa sobre el palito de madera.

FIGURA 2.1

FIGURA 2.2

"... para que todo el que cree en él no se pierda, sino tenga vida eterna."
Juan 3:16 b

INSTRUCCIONES

1. Entregue a cada niño la hoja de trabajo y una tijera; e indíqueles que recorten su dibujo. Pero si usted lo desea, puede llevarlos cortados para ahorrar tiempo.

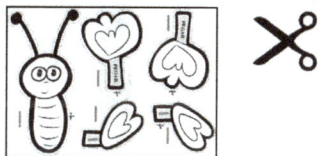

MATERIALES

- Tijeras
- Pegamento
- Temperas
- Pinceles
- Tubo de papel de baño
- Papel de seda de colores
- un pedazo de cartón cuadrado

2. Luego, entregue un pincel y témperas de colores. Pídales que pinten el dibujo con las témperas. Después, mientras que la mariposa seca, ponga a los niños a rellenar las alas de la mariposa con el papel de seda. Si no tiene suficientes pinceles, puede poner a unos niños a decorar las alas, mientras que los otros pintan el cuerpo de la mariposa.

3. Después de que se haya secado, pegue el cuerpo de la mariposa por enfrente del tubo de papel presionándolo hasta que haya secado. Luego, pegue las alas por la parte de atrás, y sostener por unos segundos.

4. Después de que se haya secado, pegue el cuerpo de la mariposa por enfrente del tubo de papel presionándolo hasta que haya secado. Luego, pegue las alas por la parte de atrás, y sostener por unos segundos.

5. Cuando ya haya secado, pegue la mariposa al pedazo de cartón cuadrado, haga presión por unos segundos y deje secar.

6. Nuestra manualidad está lista, puede decorarla como se muestra en la imagen o bien deje que los niños la decoren a su gusto.

FIGURA 2.6

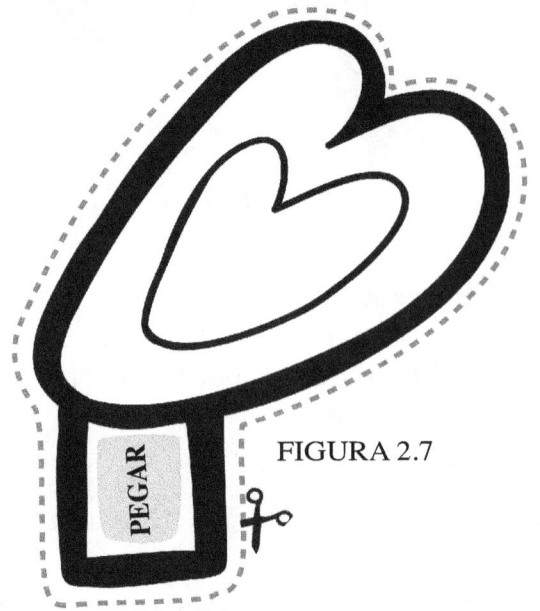

FIGURA 2.7

FIGURA 2.4

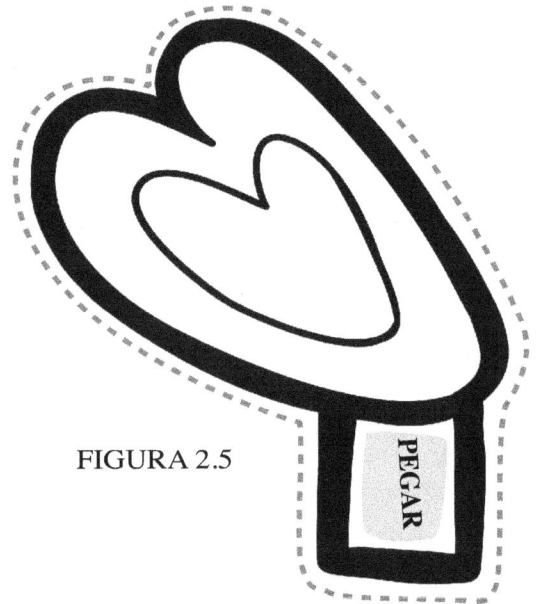

FIGURA 2.5

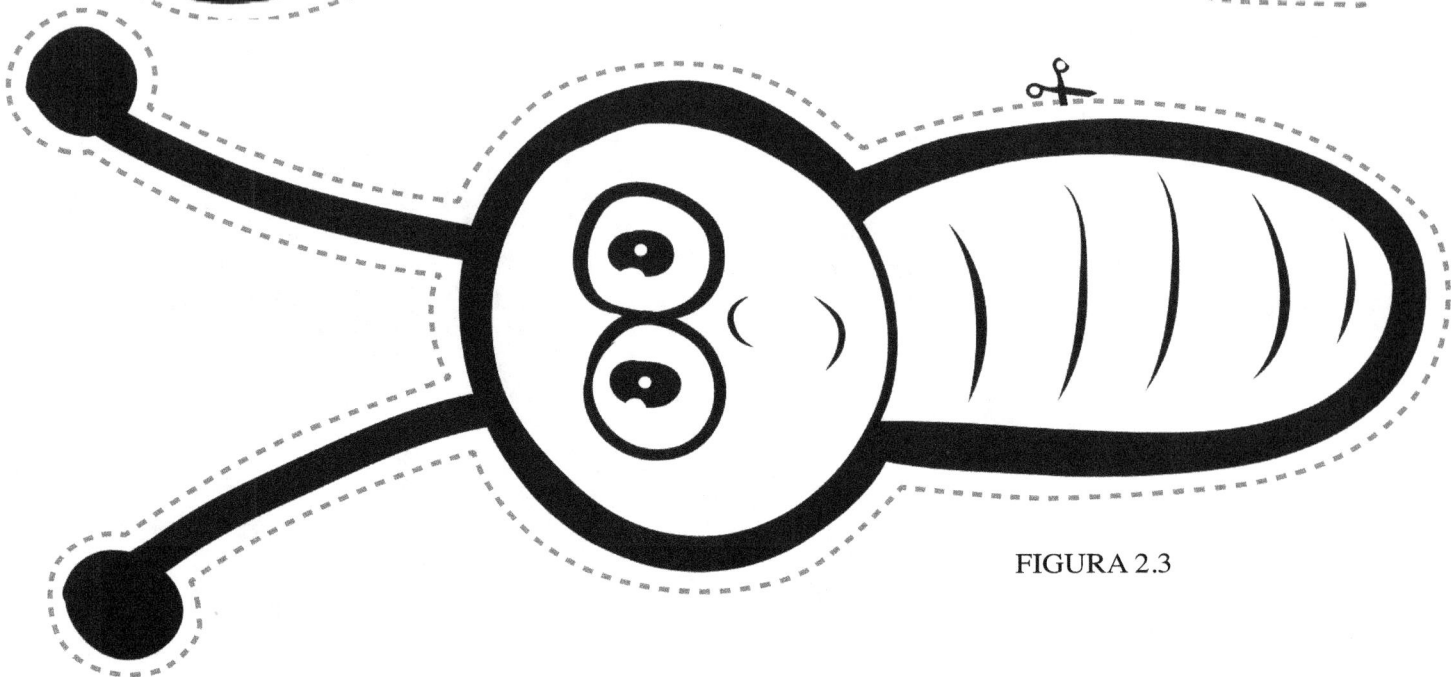

FIGURA 2.3

INSTRUCCIONES

1. Entregue a cada niño la hoja de trabajo y crayones. Pídales que pinten el dibujo, y si es necesario ayúdeles.

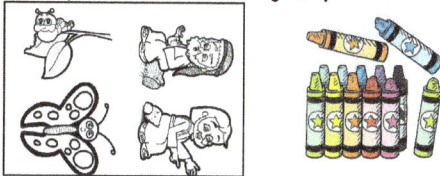

MATERIALES

- Tijeras
- Pegamento
- Crayones
- Papel de colores
- Marcadores

2. Cuando hayan terminado, indíqueles que corten las imágenes.

3. Luego, entregue a cada niño una hoja de color y ayúdeles a doblarla como se muestra en la página 28. Para avanzar más rápido, usted puede llevar la hoja de color ya doblada y recortada.

4. Cuando tenga las hojas de color listas, pegue los dibujos conforme al orden de la historia: 1) La oruga; 2) Jesús y Nicodemo hablando de nacer de nuevo; 3) La mariposa.

1.-   2.-   3.-

5. A continuación, enséñeles que deben doblar sus hojas de forma que quede como librito (pag. 28), y en la parte de enfrente indíqueles que escriban lo siguiente: "Nacer de nuevo." Deje que los niños decoren la portada a su gusto.

6. Por último, divídalos en parejas y pídales que entre ellos se cuenten la historia con ayuda del librito..

1.- Doble horizontalmente

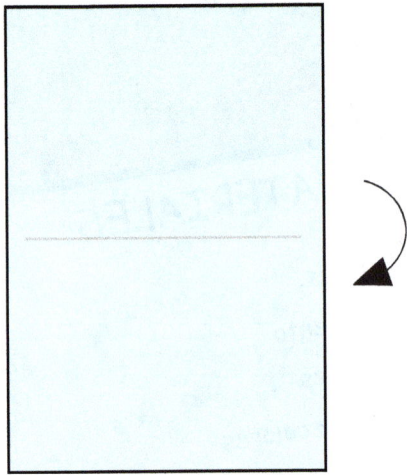

2.- Doble verticalmente

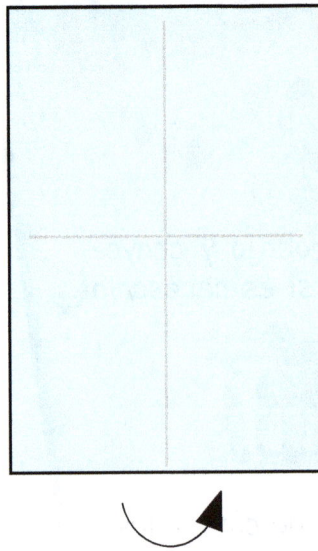

3.- Mantenga la hoja doblada y doble llevando a la mitad ambos lados

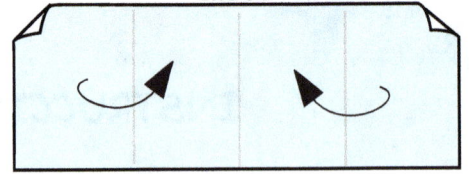

Le quedará algo asi

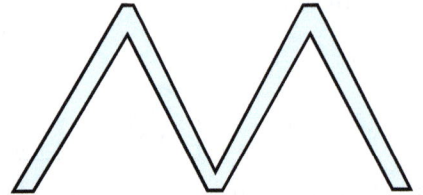

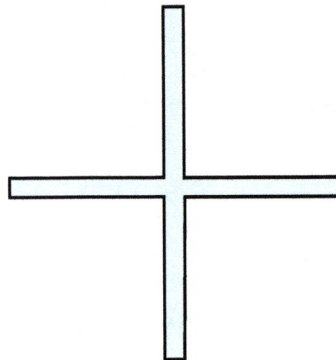

4.- Corte el borde de las dos partes del centro de la hoja. Puede doblar la hoja a la mitad para que sea más fácil.

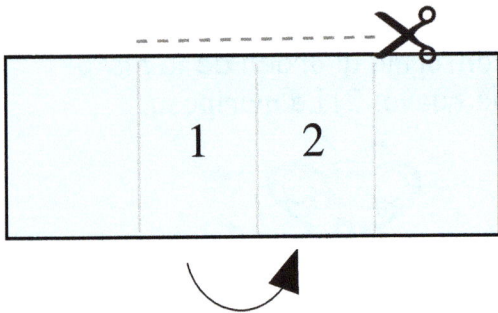

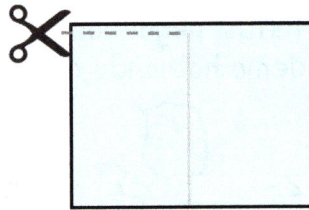

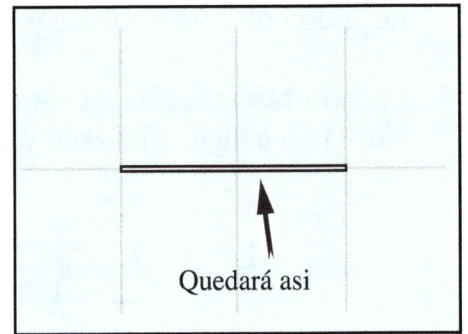

1   2

Quedará asi

5.- Doble otra vez su hoja, y separe el centro jalando como se indica en la imagen.

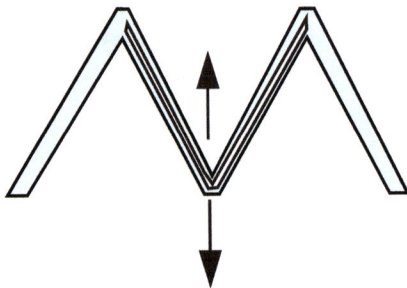

Le quedará algo asi

Luego dóblelo de forma en que te quede como un libro

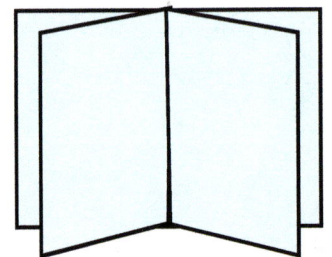

EL VERDADERO TESORO

Lucas 19: 1 - 10

"Porque el Hijo del Hombre vino a buscar y a salvar lo que se había perdido"

Lucas 19:10

NOTAS

_____

_____

_____

_____

_____

_____

_____

SUGERENCIA

Tenga cuidado al dar esta lección, ya que a veces la estatura puede ser causa de burla entre los niños.

INTRODUCCIÓN

Pregunte a los niños si conocen el significado de la palabra "tesoro". Guíelos a saber el significado de esta palabra, y a pensar si les gustaría encontrar un tesoro y qué harían con él. Dígales que la historia que vamos a ver a continuación se trata de un hombre que encontró un tesoro.

DINÁMICA

Ponga un globo o un juguete en un lugar alto, donde a los niños les sea difícil alcanzarlo. Deje que todos los niños participen intentando alcanzarlo hasta que alguien lo logre. Le sugerimos que tenga algún premio preparado para el niño que logre el reto, o si cree conveniente, puede premiarlo con el globo o juguete alcanzado. Luego, pregúnteles a los demás niños cómo se sintieron al no poder alcanzar el globo o el juguete, y qué ideas tuvieron para poder lograrlo. Para complementar lo anterior, pregúntele al niño que logró el reto cómo se sintió al final.

DESARROLLO DE LA LECCIÓN

El maestro debe leer y estudiar la lección, (Lucas 19:1-10) ensayarla varias veces y contarla con sus propias palabras. Tener todos los materiales correspondientes a las actividades de la lección. Puede utilizar la historia de Memo, Rizos y Chispita.

APLICACIÓN

Explicarle a los niños que asi como ellos deseaban alcanzar el globo o el juguete, pero por estar en un lugar alto y ellos pequeños, no lo podían alcanzar, asi tambien Zaqueo deseaba ver y conocer a Jesús, pero por ser de baja estatura no lo lograba, hasta que se subio en un árbol, y solo asi logro verlo, pero como Dios sabe y conoce todos nuestros pensamientos y mira nuestro corazón, vio que en el corazón de Zaqueo había mucho gozo y alegría al solo verlo, entonces DIOS permitio que también esa misma noche JESÚS llegara a casa de Zaqueo a visitarlo. Imagínense que doble alegría, por eso nosotros también debemos desear estar cerca de Jesús, para conocerle y compartir con Él y asi recibir de su amor, pues JESÚS sabe cuanto necesitas de su amor y desea dártelo.

Explicarles que asi como Zaqueo, cambio su corazón al tener ese encuentro con Jesús; así nosotros debemos también en la medida de lo posible hacer lo mismo, cambiar todas las actitudes feas y desagradables que hemos tenido, por ejemplo: si hemos robado algo, y aún podemos devolverlo ó pedir perdón si hemos ofendido a alguien.

"Petizo", así lo llamaban sus amigos, aunque su nombre en realidad era Petuzi. Él era un niño de la calle que andaba descuidado, con los cabellos sucios y mal oliente. Un día, Rizos, Memo y Chispita iban rumbo a la iglesia, cuando a lo lejos escucharon a muchos niños gritar, y mientras más se acercaban, más fuertes eran los gritos de aquellos niños. Esto les llamó la atención, y al llegar al lugar vieron que todos los niños estaban molestos y gritaban: "Baja, Petizo! ¡Baja ya de ese árbol!" Entre todos lo estaban molestando, y hasta habían decidido quitarle su ropa sucia a Petizo.

—¿Qué pasa aquí? —gritó Memo con voz fuerte. Todos quedaron en silencio y voltearon hacia Memo al escuchar el grito. Pero sólo uno del grupo contestó y dijo: "¡Él es un ladrón!" señalando hacia arriba del árbol. ¡Acaba de robarnos una bolita!

—¿Y por una bolita lo van a golpear? —respondió Memo.

—Bueno, amigos —dijo Rizos—, yo tengo acá dos bolitas para jugar y se las voy a dar. Buscó en sus bolsillos y les entregó dos bolitas a cambio de una.

Pero otro niño dijo: "¡No, él debe pagar!

—Pero, chicos —dijo Chispita—, ¡ya se los pagamos! ¡Váyanse!

Cuando los niños se fueron, Rizos, Memo y Chispita muy amablemente le dijeron a Petuzi: "¡Baja del árbol! ¿Qué te parece si hoy vamos a la iglesia? ¡Hoy tendremos una hermosa reunión de Escuela Dominical!"

Petuzi contestó: "¿Qué es eso?" Memo le respondió: "¡Es un lugar hermoso donde nos hablan acerca de Jesús quien ama a los niños; quien dio su vida por todos nosotros; dio su vida por los pecadores." Petuzi comenzó a deslizarse por el árbol y bajó preguntándoles: "¿Pero así puedo ir? —mirando su aspecto sucio y desgreñado.

—No importa —le contestaron Rizos y Chispita—. Jesús sólo mirará tu corazón.

—Bueno, si es así, vamos —dijo Petuzi. Y se fue corriendo junto con los tres niños.

Al cabo de algunos minutos, los cuatro niños muy contentos llegaron a la iglesia, y se dirigieron a su clase. La maestra comenzó la lección, y esta vez les narró la historia de Zaqueo. Al terminar la maestra de narrar la historia, Petuzi no soportó y dijo: "¡No quiero ser más un ladrón! ¡Quiero cambiar como Zaqueo!" En el rostro de Petuzi, había mucha felicidad. Luego, dirigiéndose a los niños Memo, Rizos y Chispita les dijo: "¡Gracias, amigos, por traerme a la iglesia!" Y haciendo la oración de fe con ayuda de la maestra, aquella hermosa mañana Petuzi recibió a Jesús en su corazón. Después de hacer su oración de fe, muy gozoso dijo: "¡Voy a devolver todas las bolitas que robé! Desde hoy en adelante seré un verdadero hijo de Dios."
Todos muy contentos aplaudieron a Petizo. 31

INSTRUCCIONES

1. Entregue a cada niño la hoja de trabajo y pídales que le describan el dibujo.

2. Después, entrégueles crayones a los niños y ayúdelos a pintar si es necesario.

3. Cuando hayan terminado de pintar, pídales que decoren el cielo. Indíqueles que pueden usar el algodón para hacer las nubes, y usar brillantina amarilla para hacer un sol brillante.

4. Finalmente, cuando esté seca su hoja de trabajo, dígales que doblen la imagen sobre la línea que se encuentra en el dibujo. La idea es ocultar a Zaqueo cuando se doble la hoja; y cuando se estire, se vea a Zaqueo.

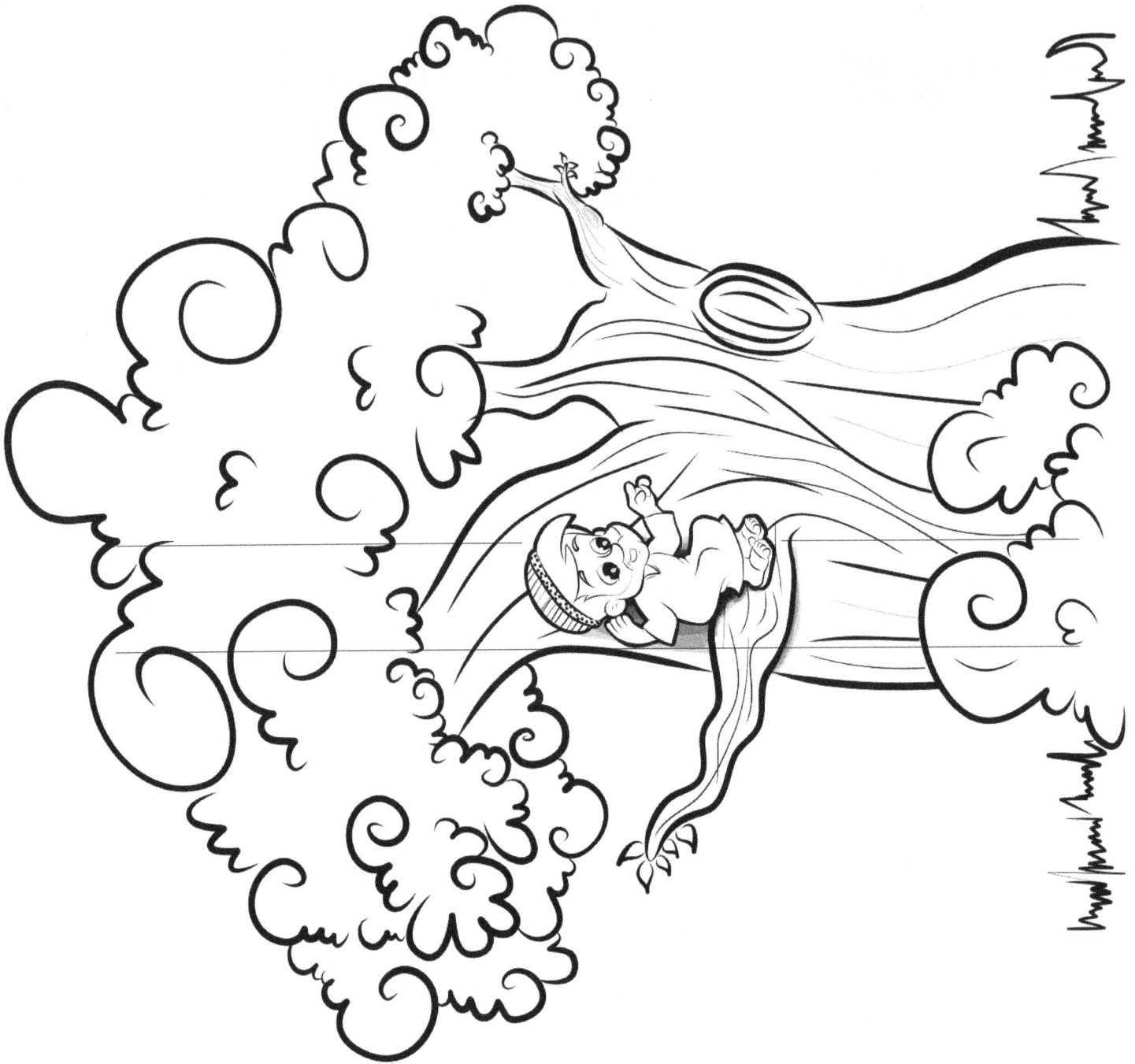

MANUALIDAD

INSTRUCCIONES

1. Entregue a cada niño una hoja de trabajo, crayones y tijeras, pídales que pinten los dibujos y que al terminar los recorten.

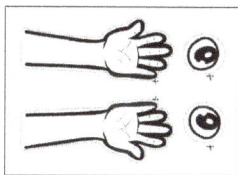

MATERIALES

- Tijeras
- Pegamento
- Crayones
- Lana negra o cafe
- Bolsa de papel
- Marcador

2. Para hacer la cabeza:
   - Entrégueles lana y una bolsa de papel a cada niño; e indíqueles que lo peguen como se muestra en la imagen.
   - Cuando haya terminado, dígales que peguen los ojos. Luego, deles crayones o marcadores para que dibujen las cejas.
   - En el espacio que queda entre el doblez de la bolsa, pídales que dibujen una boca. Ayúdeles si es necesario.

3. Para confeccionar la ropa:
   - Entregue dos pliegos de papel de color a cada niño. Uno servirá para la ropa y el otro, para el cinturón.
   - Después, pídales que dibujen el traje de Zaqueo; y cuando hayan terminado, que lo recorten.
   - Cuando hayan terminado deben pegar el traje que hicieron en la bolsa.

4. Finalmente, cuando la ropa esté pegada y haya secado el pegamento, indíqueles a los niños que deben pegar los brazos a cada lado.

35

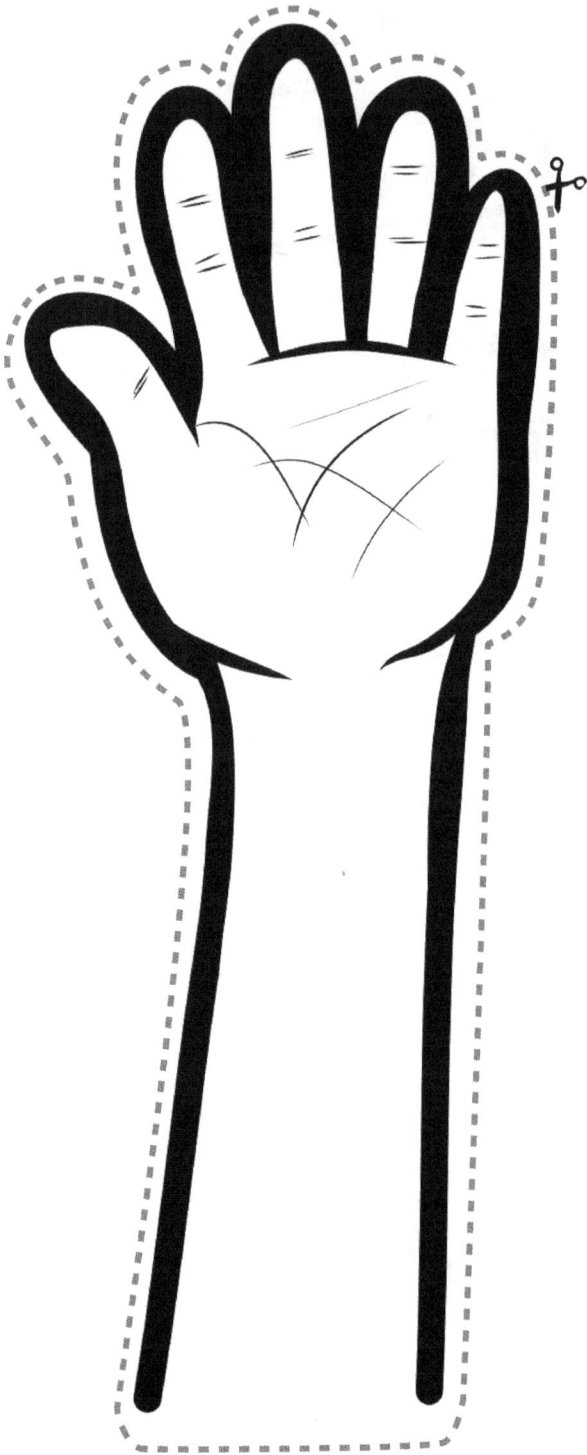
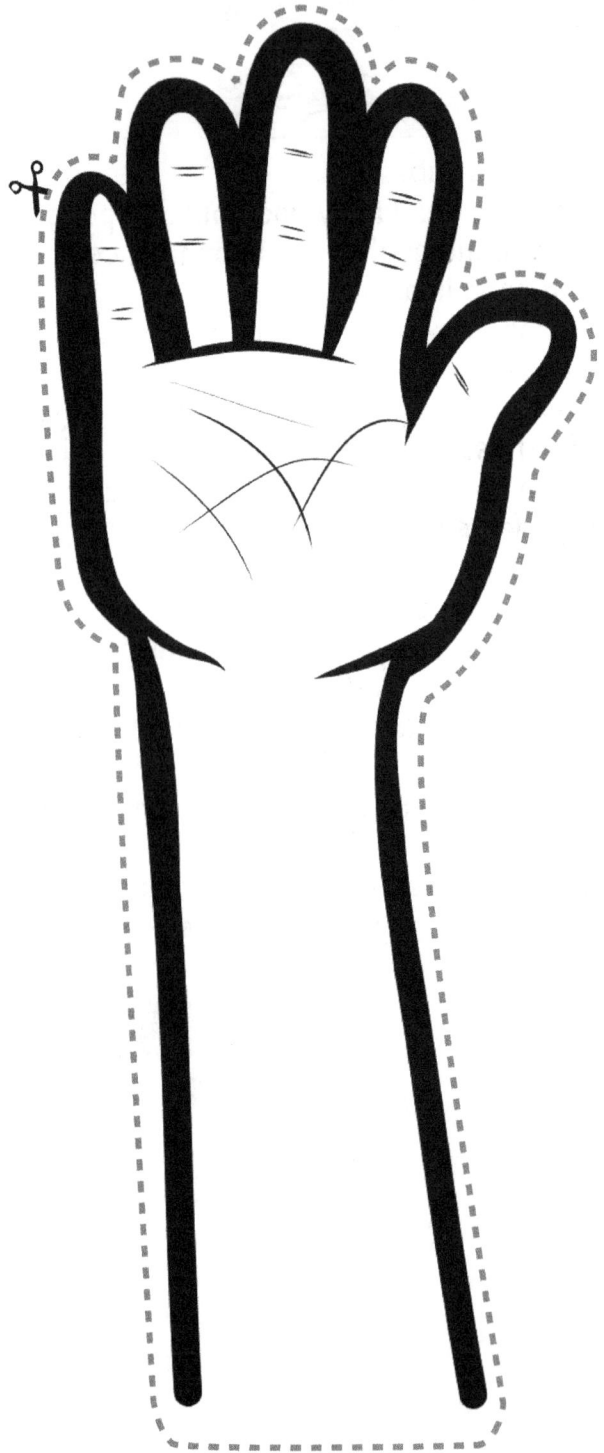

INSTRUCCIONES

1. Entregue a cada niño la hoja de trabajo y crayones. Puede llevar otras cosas para decorar la manualidad como brillantina o calcomanias. Deles tiempo de que pinten y decoren su manualidad.

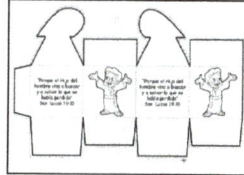

MATERIALES

- Tijeras
- Pegamento
- Crayones
- Papel de seda
- Caramelos
- Brillantina o pegatina

2. Cuando hayan terminado de pintar, corten el dibujo.

3. Luego, indíqueles que doblen el dibujo sobre las líneas que este tiene hasta formar una caja.

4. Después, muéstreles que deben pegar las pestañas y la parte de abajo para formar un cubo. Recuérdeles que la parte de arriba no se pega, sólo se dobla.

5. Entregue a cada uno de los niños un pedazo de papel de seda y unos dulces. Pídales que pongan los dulces dentro del papel y luego, lo metan en la cajita confeccionada.

6. Finalmente, dígales que cierren la cajita, y recuerden que en la parte de arriba tiene que quedar la forma de un corazón.

"Porque el Hijo del hombre vino a buscar y a salvar lo que se había perdido" San Lucas 19:10

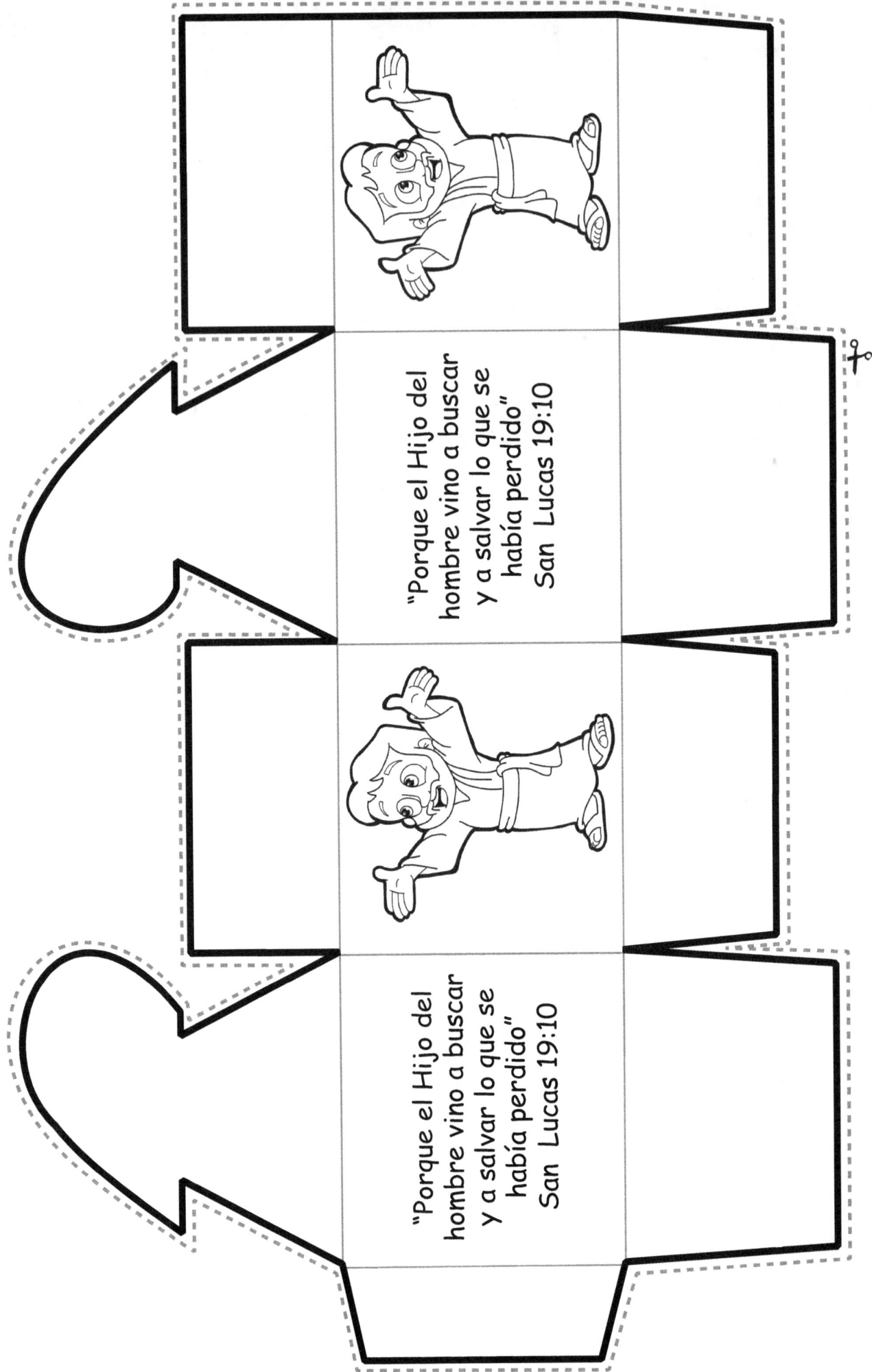

"Porque el Hijo del hombre vino a buscar y a salvar lo que se había perdido"
San Lucas 19:10

"Porque el Hijo del hombre vino a buscar y a salvar lo que se había perdido"
San Lucas 19:10

¡QUE GANE EL MEJOR!

Juan 1: 43 - 51

INTRODUCCIÓN

Pregunte a los niños cuántas veces han sido llamados o seleccionados para integrar algún grupo o equipo de juego, y cómo se sintieron en ese momento. Dígales que uno se siente muy bien cuando alguien nos elige para formar parte de su grupo, y por ello, nosotros emocionados les contamos a otros que hemos sido escogidos. Luego, establezca una analogía con lo que dijo al inicio, y menciónales que nuestra historia bíblica de hoy habla de un llamado muy especial.

> "El siguiente día quiso Jesús ir a Galilea, y halló a Felipe, y le dijo: Sígueme"
>
> Juan 1:43

DINÁMICA

Pídales a dos personas que lleguen a la clase con el traje de dos equipos de fútbol. Cuando entren al aula, cada uno de los personajes se presentará. Pídales a los dos personajes que armen cada uno su equipo escogiendo a los niños. Indíqueles que no escojan a todos los niños. Luego, pregúnteles a los niños que no fueron escogidos cómo se sintieron. Probablemente, habrá niños que no querrán formar parte de ese equipo. Esto servirá para ejemplificar que no todas las personas desean formar parte del equipo de Jesús. Trate de que los que lleguen con el uniforme de fútbol sean de un equipo al que cualquiera quisiera formar parte (puede ser la selección de fútbol de su país). Al terminar, pregúnteles lo siguiente: ¿quiénes invitarían a un amigo o amiga a formar parte de este equipo de fútbol?

NOTAS

_____

_____

_____

_____

_____

_____

_____

DESARROLLO DE LA LECCIÓN

El maestro debe previamente leer y estudiar la lección (Juan 1:43-51); ensayarla varias veces; y, durante la clase, contarla con sus propias palabras, de una forma breve (5 minutos a los pequeños) e ir ampliándola según sea la edad de los alumnos (pero no más de 10 minutos). Asimismo, debe tener todos los materiales correspondientes a las actividades de la lección. En esta sección, puede usar la historia de Memo, Chispita y Rizos para dar la lección.

APLICACIÓN

¿Se imaginan, ustedes, la emoción que sintió Felipe cuando Jesús le dijo: "Sígueme"? Fue tanta la alegría que sentía, que cuando encontró a su amigo Natanael le dijo que Jesús le había hablado y que quería que él estuviera con Jesús. Natanael no se emocionó tanto como Felipe, pero aun así le siguió. Ahora debemos hacer lo mismo: seguir a Jesús y contárselo a otros, porque Él quiere que formemos parte del mejor equipo: el reino de los cielos.

SUGERENCIA

A todos los niños les gustan los deportes, si a los niños de su clase no les gusta el football use otro deporte.

La semana de olimpiadas se acercaba, y en la escuela de Memo, Rizos y Chispita, todos estaban felices. Los chicos estaban contentos de participar. Memo tendría que correr para su equipo en la carrera de metros planos; Rizos competiría en el salto de garrocha; y Chispita, en balonmano. Todos los días, los tres niños entrenaban y estaban muy felices de haber sido elegidos y seleccionados para integrar los equipos de competidores. Su emoción era tanta que olvidaron a su amiguito Chepe. Él iba también a la misma escuela, pero no lo convocaron para participar. A pesar de ello, Chepe igual iba a las prácticas.

Una semana antes de las olimpiadas, Rizos enfermó y fue operado de urgencia. Sus amigos Memo, Chepe y Chispita oraron para que le fuera bien en la cirugía, y gracias a Dios todo salió bien. Sin embargo, Rizos no iba a poder competir, porque lo habían operado. Al saber esto, el profesor de deportes mandó llamar a Chepe y le ofreció el lugar de Rizos para competir. Chepe acudió al llamado del profesor y estaba feliz de competir.

Rizos sabía que su amigo Chepe lo haría bien y que ganaría la competencia. Fue así que los días fueron pasando hasta que llegó el día de las olimpiadas y asistieron niños de diferentes escuelas. Las competencias siguieron por dos semanas y al finalizar, tal fue la sorpresa para todos que el animador de las olimpiadas hizo un llamado especial a los ganadores provinciales. Entre ellos, estaban Memo, Chispita y Chepe. Rizos estuvo observando ese día lleno de felicidad, porque sus amigos formaban parte de los competidores para representar en las olimpiadas nacionales e internacionales.

Memo, Chispita y Chepe dieron gracias a Dios por sentirse bien y formar parte del grupo y poder representar a su provincia. Rizos celebró junto con ellos. La maestra de la iglesia que estaba con ellos les dijo: "Recuerden que la mayor felicidad es ser parte del equipo de Jesús".
—¡Claro! —respondió Chispita— ¡No olvidamos que formar parte del equipo de Jesús es lo máximo!, y que Él nos está haciendo un llamado especial.
—¡Ser parte de su equipo es lo mejor que hay! —dijo Memo.
—Jesús quiere que todos los niños del mundo formen parte del mejor equipo que existe —dijo la maestra.

Los niños llenos de emoción se abrazaron y dieron gracias a Dios, porque la maestra les recordó que las olimpiadas son como el equipo de Jesús y que Él nos está llamando a todos a formar parte de su equipo.

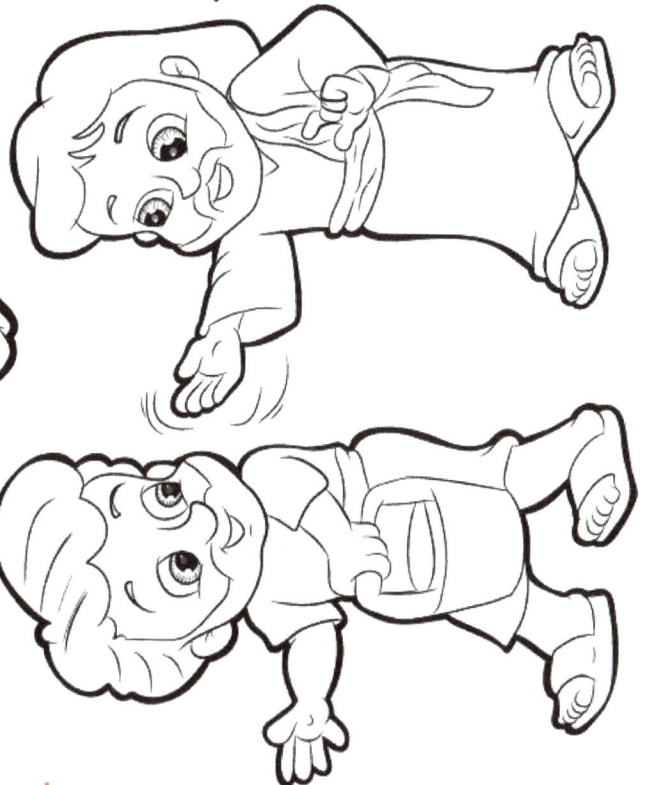

MANUALIDAD

4 - 6 AÑOS

MATERIALES

- Tijeras
- Pegamento
- Crayones
- Papeles de colores

INSTRUCCIONES

1. Entregue a cada niño la hoja de trabajo y crayones y pídale a los niños que pinten el dibujo.

2. Después deles las tijeras a los niños e indíqueles que recorten su tarjeta. Y si necesario, ayúdelos

3. Luego, entréguele a cada niño un pedazo de papel de color y ayúdele después a pegar la invitación en otro papel. Si considera conveniente, puede llevar el papel de color ya cortado, sólo recuerde que tiene que ser un centímetro más grande que la invitación.

4. Cuando hayan secado las invitaciones, ayude a los niños a llenar los espacios en blanco escribiendo el nombre de un amigo al que quisieran invitar para que asista a la iglesia y forme parte del equipo de Jesús.

FIGURA 4.1

¡ TE INVITO !

A CONOCER A MI AMIGO JESÚS

LUGAR:_____

_____

FECHA: _____

HORA: _____

MATERIALES

- Tijeras
- Pegamento
- Crayones
- Papel de seda
- Brillantina o pegatina
- Stickers

INSTRUCCIONES

1. Entregue a cada niño la hoja de trabajo y crayones y pídale a los niños que la decoren y pinten a su gusto.

2. Luego, indíqueles a los niños que corten el dibujo.

3. Cuando hayan terminado, entrégueles el papel de seda y el pegamento. Después, dígales que peguen el papel de seda como se muestra en la imagen.

4. Cuando ya se haya secado, pegue la otra imagen sobre el papel de seda.

5. Por último, ayude a los niños a llenar los espacios en blanco..

¡ TE INVITO !

A CONOCER A MI AMIGO JESÚS

LUGAR: _____

FECHA: _____

HORA: _____

FIGURA 4.2

PARA: _____
_____

FIGURA 4.3

MATERIALES

- Tijeras
- Pegamento
- Crayones
- Regla
- Lápiz
- Papel de colores

INSTRUCCIONES

1. Entregue a cada niño la hoja de trabajo, tijeras y crayones. Pídales que pinten los dibujos y cuando terminen que corten los dibujos.

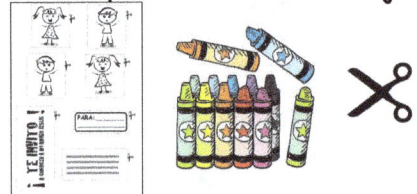

2. Luego de lo anterior, entrégueles papel de colores (dele la oportunidad a los niños de escoger dos colores de papel), y pídales que lo doblen por la mitad. El tamaño del papel puede variar (nosotros usamos la mitad de una hoja A4).

3. Cuando hayan terminado con el papel que va adentro, peguelo al papel que ira afuera, tenga cuidado de no pegar las tres pestañas que cortamos anteriormente.

4. En esas tres pestañas, pegue tres dibujos de los niños que cortaron anteriormente. Pegue el texto donde estan los espacios para llenar con los datos del invitado en la parte de adentro de la tarjeta, y arriba de estos pegue el texto que dice "Te invitamos".

5. En la parte de afuera de la tarjeta, pegue el papel en donde dice: "Para".

6. Espere a que sequen las imágenes cortadas, y llene los espacios en blanco, y listo, tenemos nuestra invitación hecha para nuestra amigo o familiar.

1 Necesitara:
- regla
- lápiz
- tijeras

2 Marque seis puntos en el borde donde está el doblez de la hoja de la siguiente manera: El primer punto irá a 2.5 cm de la orilla; el siguiente, a 2 cm; luego, a 2.5 cm; después, a 2 cm; a 2.5 cm el que sigue; y por último, a 2 cm.

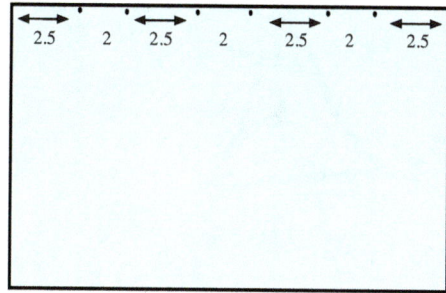

| 2.5 | 2 | 2.5 | 2 | 2.5 | 2 | 2.5 |

3 De nuevo marcara seis puntos que iran alineados a los otros puntos. Los primeros dos puntas estarán a 4 cms de distancia, los siguientes 2 a 5.5 cms y los ultimos 2 a 4 cms.

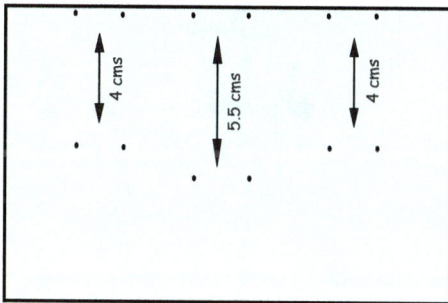

4 cms 5.5 cms 4 cms

4 Corte de punto a punto. Puede hacer una linea punteada como se ve en la imagen, para que sea más fácil.

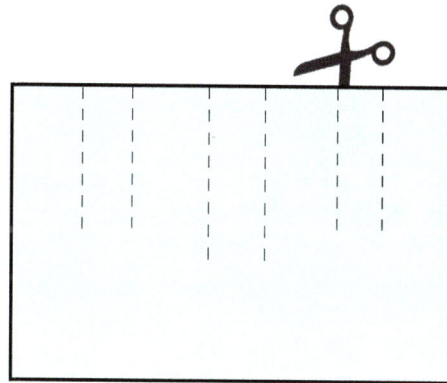

5 Por adentro la hoja se verá así. En donde se encuentran las flechas, doblará ese papel hacia adentro.

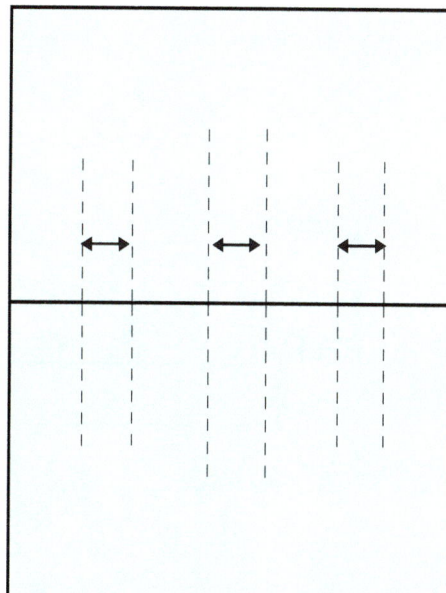

¡ TE INVITO !

A CONOCER A MI AMIGO JESÚS

PARA: _____
_____

LUGAR: _____
_____

FECHA: _____

HORA: _____

UNA INVITACIÓN ESPECIAL

Apocalipsis 3 : 20

INTRODUCCIÓN

Haga un repaso de las cuatro lecciones anteriores. Luego, pregunte a los niños qué tienen en común las cuatro. Premie a los niños que den la respuesta correcta la cual es "Encuentro".

Después, pregunte a los niños si ellos al entrar a un lugar tocan la puerta o entran sin tocar; también pregúnteles si les agrada que los demás toquen la puerta de su cuarto o se molestan cuando no lo hacen. Aquí enfatice que el tocar la puerta es una manifestación de respeto a la privacidad de cada persona.

"He aquí, yo estoy a la puerta y llamo; si alguno oye mi voz y abre la puerta, entraré a eé, y cenare con él, y él conmigo."
Apocalipsis 3:20

DINÁMICA

Lleve a alguien disfrazado de un personaje que sea famoso, por ejemplo: un superhéroe, y pídale que toque la puerta la cual debe estar previamente cerrada. En aquel momento, dígale a uno de los niños que la abra. La persona disfrazada preguntará varias veces si de verdad quieren los niños que él entre a la clase. Cuando la persona disfrazada entre, deje que interactúe un poco con los niños. Luego, haga el énfasis en que hay alguien mucho más importante que nos ama; quiere ser nuestro amigo; y quiere estar siempre con nosotros. Ese alguien importante es Jesús, y así como el "superhéroe" tocó la puerta, así también Jesús quiere estar con nosotros. Pregúnteles a los niños si quieren dejar entrar a Jesús en su corazón.

NOTAS

_____

_____

_____

_____

_____

_____

_____

DESARROLLO DE LA LECCIÓN

Prepare su lección con tiempo, y ore por este momento en el que hará un llamado para que los niños acepten a Jesús en su corazón. Puede usar la historia de Memo, Rizos y Chispita para dar la clase. Recuerde que el objetivo de esta última lección es que el niño comprenda que Jesús también quiere tener un encuentro especial con él.

APLICACIÓN

En esta porción de la Biblia, podemos ver cómo Jesús nos ama tanto que quiere ser nuestro amigo. Así como el "superhéroe" llegó, así llega el Señor Jesús y nos pregunta si puede estar con nosotros. Él quiere vivir en nuestro corazón y estar siempre a nuestro lado; celebrar cuando nos pasen cosas buenas y cuidarnos cuando pasen cosas malas.

SUGERENCIA

Recuerde que lo que le gusta a un niño de 4 años, probablemente no le guste a uno de 12. Trate de que los personajes esten de acuerdo a las edades. Puede ser un jugador de football famoso.

Era una tarde muy lluviosa, y en la calle se veía gente apresurada con los paraguas en mano para cubrirse del chaparrón. Entre tanto, en la casa de Chispita estaban Memo y Rizos jugando muy contentos al dominó, y estaban tan concentrados que no escucharon que alguien tocaba la puerta.

La abuela de Chispita dijo: "¡Chispita!, parece que alguien llama a la puerta. Anda, ve y atiende." El toque de la puerta se hizo más insistente. Al oír, los niños dejaron el juego y Chispita corrió hacia la puerta y preguntó: "¿Quién es?" "¡Soy yo!", contestó la madre de Rizos. "Disculpe", contestó la niña, y abriendo la puerta la hizo pasar. La señora entró un poco mojada, con el paraguas en una mano y en la otra, un rico pastel de carne, y les dijo: "He venido a cenar con ustedes; por ello, traje este rico pastel de carne. Los iba a invitar para salir a comer, pero parece que la lluvia seguirá. Así que lo traje para que cenemos aquí. ¿Qué les parece?"
—Es un buen tiempo para compartir —afirmó la abuela de Chispita. Y junto con los niños agradecieron por tan lindo gesto. Todos contentos cenaron dando gracias a Dios y a la madre de Rizos por venir a compartir con ellos.
Memo graciosamente dijo: "¡Mira lo que nos hubiéramos perdido, si no hubiéramos abierto la puerta."
—¡Sí! —dijo la señora—. Yo iba a retirarme, porque pensé que no estaban.
—Menos mal que yo abrí la puerta —dijo Chispita.
—¡Qué alegría tenerla con nosotros! ¡Qué bueno, Chispita! —contestó la mamá de Rizos—. Me alegra tanto que compartamos juntos la cena.

La abuela dijo: "¿Saben? Recordé que así como la mamá de Rizos tocaba la puerta, así también lo hace Jesús. Él llega y toca nuestro corazón y nos pregunta si puede pasar, y estar con nosotros siempre. Pero a veces nosotros estamos distraídos en otras cosas que estas no nos dejan escuchar a Jesús quien está llamándonos para compartir un momento con nosotros. Señora, cuando usted tocaba a mi puerta, me recordó al Señor Jesús. Él está tocando a la puerta de nuestro corazón. Así como la mamá de Rizos traía algo rico para nosotros, Jesús también quiere compartirnos a todos nosotros.

La madre de Rizos escuchó muy emocionada, y la abuela aprovechó y le invitó a abrir la puerta de su corazón y recibir al Señor Jesús. La madre de Rizos gozosa hizo la oración de fe, e invitó a Jesús a entrar en su corazón, y todos felices y contentos oraron por ella. Memo, Rizos y Chispita y la abuela llenos de gozo dieron gracias a Jesús por la rica cena y por la bendición de compartirla juntos. Pero sobre todo por la bendición de que la mamá de Rizos aceptó a Jesús en su corazón.

TOC TOC

MANUALIDAD
4 - 6 AÑOS

MATERIALES

- Tijeras
- Pegamento
- Crayones
- Papel de colores

INSTRUCCIONES

1. Entregue a cada niño la hoja de trabajo y crayones. Pídales que pinten las imágenes y repasen las lecciones aprendidas.

2. Cuando hayan terminado lo anterior, ayúdelos a recortar los dibujos.

3. Tenga el papel de color ya listo, doblado y cortado (pagina 54).

4. Que los niños peguen las imagenes en su hoja de color. En la parte de enfrente de nuestro librito pegaremos el texto que dice: "ENCUENTROS ESPECIALES CON JESÚS". El orden de las imagenes es:

   1.- Pozo
   2.- Mariposa
   3.- Zaqueo

   4.- Jesús con Nathanael y Felipe
   5.- El corazón

5. Cuando hayan terminado, pueden terminar decorandola con stickers u otros materiales.

6. Si tuviera aún tiempo, anime a los niños que repasen con un compañero las historia aprendidas anteriormente.

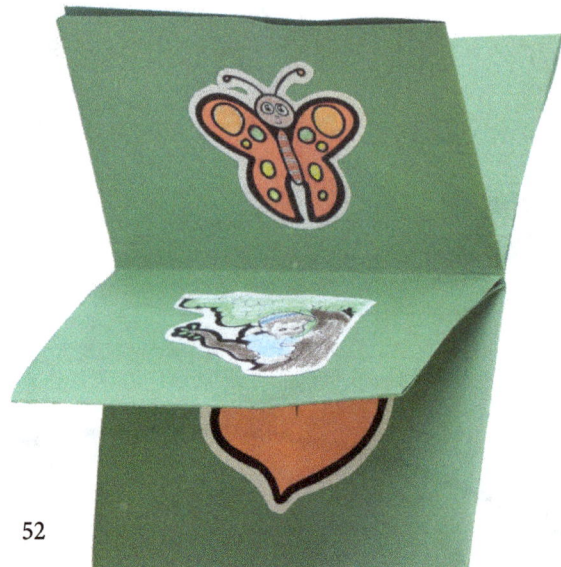

52

APRENDIENDO ENTRE AMIGOS

1.- Doble horizontalmente

2.- Doble verticalmente

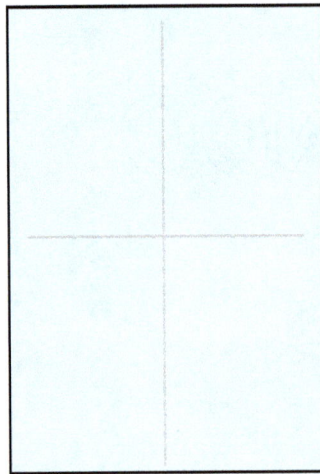

3.- Mantenga la hoja doblada y doble llevando a la mitad ambos lados

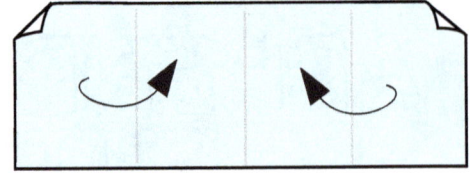

Le quedará algo asi

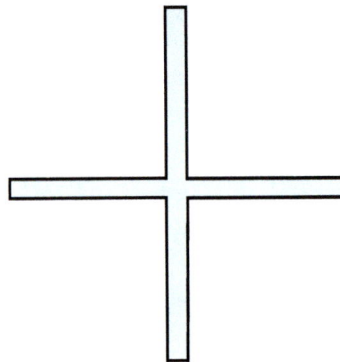

4.- Corte el borde de las dos partes del centro de la hoja. Puede doblar la hoja a la mitad para que sea más fácil.

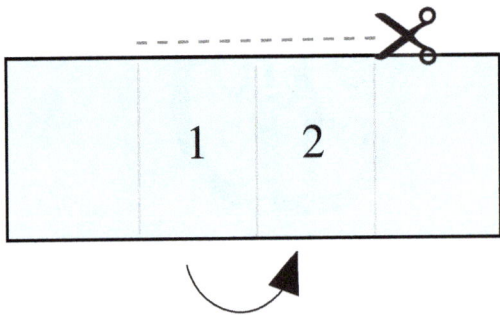

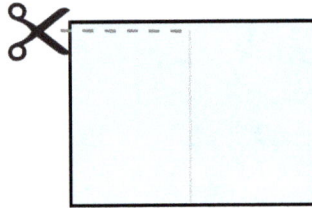

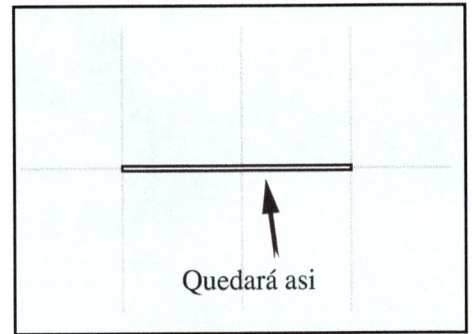

1   2

Quedará asi

5.- Doble otra vez su hoja, y separe el centro jalando como se indica en la imagen.

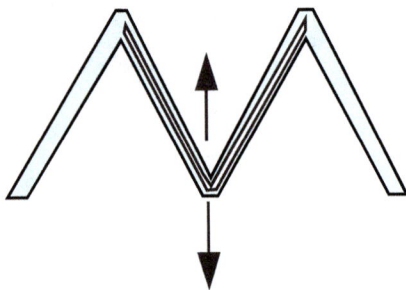

Le quedar´ algo asi

Luego dóblelo de forma en que te quede como un libro

INSTRUCCIONES

MATERIALES

- Tijeras
- Pegamento
- Crayones

1. Entregue a cada niño la hoja de trabajo y crayones. Luego, pídales que pinten el dibujo. Para mejores resultados, le sugerimos que imprima la hoja de trabajo en una hoja de 120 gr.

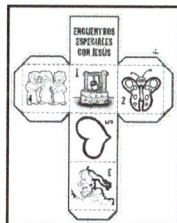

2. Luego, entrégueles tijeras para que corten el dibujo. Si fuera necesario, ayudelos.

3. Cuando hayan terminado lo anterior, indíqueles que doblen las pestañas sobre las líneas punteadas para darle forma a nuestro cubo.

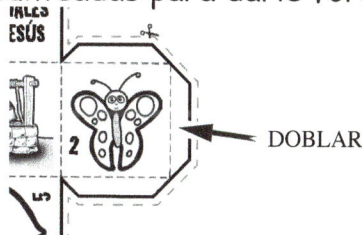

DOBLAR

4. Después de que hayan doblado el dibujo, pídales que apliquen pegamento en las pestañas y que peguen. Sugiérales que se mantengan unos segundos presionando para evitar que se desdoblen las pestañas.

5. Cuando hayan terminado de pegar todas las pestañas, indíquele a los niños que lo dejen secar.

6. Finalmente, dígales que pueden decorar el cubo con brillantina o con otros materiales que disponga.

APRENDIENDO ENTRE AMIGOS

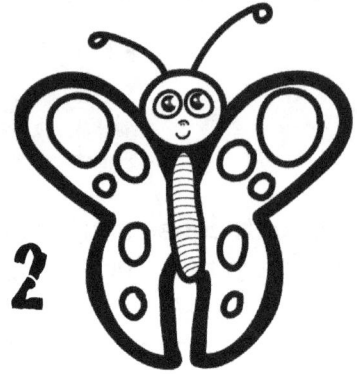

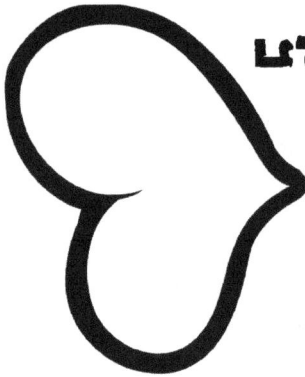

ANEXOS

NOMBRE:

NOMBRE:

NOMBRE:

NOMBRE:

GAFETES PARA COLOREAR

NOMBRE:

NOMBRE:

NOMBRE:

NOMBRE:

ESCUELA BÍBLICA VACACIONAL

APRENDIENDO ENTRE

AMIGOS

La iglesia

_____

entrega certificado a:

_____

por su fiel asistencia los días:

_____

Firma del Director/a de la EBV

Firma del Pastor

ESCUELA BÍBLICA VACACIONAL

APRENDIENDO ENTRE

AMIGOS

La iglesia

_____

entrega certificado a:

_____

por su fiel asistencia los días:

_____

_____
Firma del Pastor

_____
Firma del Director/a de la EBV

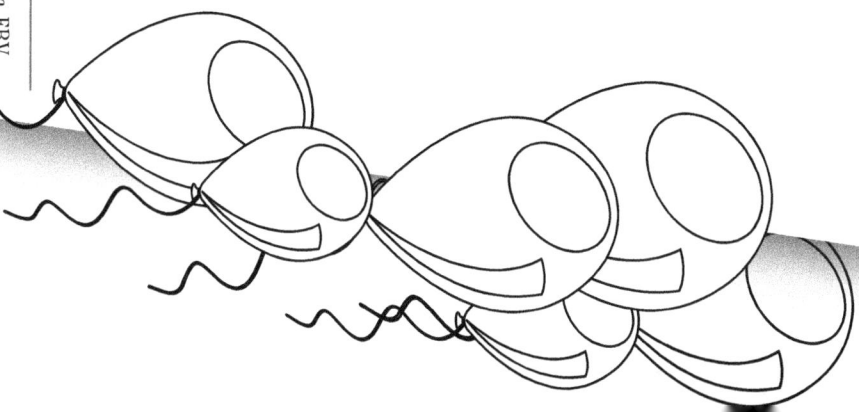

ESCUELA BÍBLICA VACACIONAL
APRENDIENDO ENTRE AMIGOS

Le entrega este certificado a

_____

Nombre

Con gratitud y reconocimiento por su fiel colaboración y eficiente tarea en el programa de Escuela Biblica Vacacional

_____   _____

Pastor   **Director**

_____   _____

Lugar   **Fecha**

ESCUELA BÍBLICA VACACIONAL

APRENDIENDO ENTRE AMIGOS

Le entrega este certificado a

_____

Nombre

Con gratitud y reconocimiento por su fiel colaboración y eficiente tarea en el programa de Escuela Biblica Vacacional

_____   _____
Pastor   **Director**

_____   _____
Lugar   **Fecha**

Tarjeta 1

ESCUELA BÍBLICA VACACIONAL

APRENDIENDO ENTRE AMIGOS

Manualidades

Historias Bíblicas

Fecha: _____
Lugar: _____
Hora: _____
¿Quiénes pueden asistir? _____

¡Te esperamos!

Música

Merienda

Juegos

Tarjeta 2

ESCUELA BÍBLICA VACACIONAL

APRENDIENDO ENTRE AMIGOS

Manualidades

Historias Bíblicas

Fecha: _____
Lugar: _____
Hora: _____
¿Quiénes pueden asistir? _____

¡Te esperamos!

Música

Merienda

Juegos

Tarjeta 3

ESCUELA BÍBLICA VACACIONAL

APRENDIENDO ENTRE AMIGOS

Manualidades

Historias Bíblicas

Fecha: _____
Lugar: _____
Hora: _____
¿Quiénes pueden asistir? _____

¡Te esperamos!

Música

Merienda

Juegos

Tarjeta 4

ESCUELA BÍBLICA VACACIONAL

APRENDIENDO ENTRE AMIGOS

Manualidades

Historias Bíblicas

Fecha: _____
Lugar: _____
Hora: _____
¿Quiénes pueden asistir? _____

¡Te esperamos!

Música

Merienda

Juegos

Invitación familiar
para la clausura de la EBV

✂

ESCUELA BÍBLICA VACACIONAL
APRENDIENDO ENTRE AMIGOS

Les invitamos al Gran Encuentro de celebración.

Un encuentro especial donde estaremos culminando esta semana de Escuela Bíblica Vacacional.

Tendremos la participacion de los niños, la entrega de los trabajos

hechos y un tiempo especial.

Le esperamos el ____/____/____ a las _____

en_____

¡Gracias por su asistencia y apoyo hacia los niños!

ESCUELA BÍBLICA VACACIONAL
APRENDIENDO ENTRE AMIGOS

Les invitamos al Gran Encuentro de celebración.

Un encuentro especial donde estaremos culminando esta semana de Escuela Bíblica Vacacional.

Tendremos la participacion de los niños, la entrega de los trabajos

hechos y un tiempo especial.

Le esperamos el ____/____/____ a las _____

en_____

¡Gracias por su asistencia y apoyo hacia los niños!

ESCUELA BÍBLICA VACACIONAL
APRENDIENDO ENTRE AMIGOS

Niños y niñas

de _____ a _____

años

Te invitamos a disfrutar juntos de un tiempo especial, donde tendremos:

Música   **Manualidades**

Merienda

Historias Bíblicas

Juegos

Lugar: _____

_____

fecha:

_____ / _____ / _____

Hora:

_____

¡Te esperamos!

CHISPITA